The Official
FIFA WORLD CUP
Qatar2022™

Le guide FIFA OFFICIEL

To

FSC
www.fsc.org
MIX
From responsible sources
FSC® C009279

Cet ouvrage est l'adaptation française de l'ouvrage anglais *Kids' Handbook*, publié pour la première fois en 2022 par Welbeck Children's Books Limited, une marque du groupe Welbeck Publishing, Londres et Sidney.
www.welbeckpublishing.com

Direction de la publication : Sophie Chanourdie
Rédaction : Kevin Pettman
Responsable artistique : Mélissa Chalot
Fabrication : Marc Chabrier
Traduction et mise en page : Amstramgram

21, rue du Montparnasse - 75006 Paris
ISBN : 978-2-03-587246-3 - Imprimé en Espagne
Dépôt légal : octobre 2022 - 331624/11050904-juillet 2022
Conforme à la loi n°49-956 du 16 juillet 1949 sur les publications destinées à la jeunesse.

Crédits photographiques : (H-Haut, B-Bas, C-Centre, G-Gauche, D-Droit)
Couverture : © FIFA José Breton/NurPhoto/Getty Images
Intérieur : GETTY IMAGES: AFP 18-19H; The Asahi Shimbun 18BG; Lars Baron/FIFA 6-7, 14, 29BG, 33BD, 36D, 37G; Jimmy Bolcina/Photonews 13HD; Shaun Botterill/Allsport 41HG; Shaun Botterill/FIFA 24-25B; Yuri Cortez/AFP 39; Marco Destefanis/Pacific Press/LightRocket 11BG; Fadi El Assaad/FIFA 23BD; Marcelo Endelli 32; Pedro Fiúza/NurPhoto 20B; Stuart Franklin/Bongarts 20HD; Stuart Franklin/FIFA 27C, 29HD; Alex Grimm/FIFA 28; Mike Hewitt/FIFA 10, 23BG, 31HG, 34BD, 36G, 37D, 41B; Maja Hitij/FIFA 12; Derek Hudson 34HD; Laurens Lindhout/Soccrates 25BD; Mark Metcalfe/FIFA 33HG; Maddie Meyer/FIFA 9D; Jeff Mitchell/FIFA 40; Dean Mouhtaropoulos 26; Gustavo Pagano 5C; Popperfoto 18-19B; David Ramos/FIFA 8C, 8-9B, 17, 31BG; Michael Regan/FIFA 4-5, 15, 16, 22BG, 27BG; Carlos Rodrigues 38; Lukas Schulze/FIFA 22BD; TF-Images 13BD; Eric Verhoeven/Soccrates 30

SOMMAIRE

BIENVENUE AU QATAR !

Le 21 novembre, le monde entier aura les yeux rivés sur le Qatar pour le coup d'envoi de la Coupe du monde de la FIFA 2022. Les meilleurs joueurs du monde sont attendus pour défendre les couleurs de leur pays et faire vibrer la planète foot.

▼ Les joueurs de l'équipe de France sacrés en Russie en 2018.

Des centaines d'infos

Présentation des équipes en lice, joueurs stars, statistiques et anecdotes : ce guide est l'outil indispensable pour tout savoir sur la Coupe du monde FIFA 2022. Et pour te tenir prêt avant le coup d'envoi du tournoi, amuse-toi à remplir ton tableau de pronostics. Une fois les matchs joués tu sauras si tu avais vu juste !

Deux mois de football !

Le match d'ouverture se tiendra au stade Al-Thumama et opposera le Sénégal aux Pays-Bas. Pendant les 12 jours suivants, quatre matchs seront joués quotidiennement. Une fois cette phase de groupes passée, les matchs à élimination directe débuteront le 3 décembre. Et la finale ? Elle aura lieu le 18 décembre et sera regardée par des centaines de millions de personnes à travers le monde.

CI-DESSUS : **L'Argentin Lionel Messi en pleine action lors d'un match qualificatif pour la Coupe du monde de la FIFA 2022 face à l'Uruguay en novembre 2021.**

Champions en titre

Cette année, la France remet son titre en jeu ! Entraînés par Didier Deschamps, les Bleus ont brillé il y a quatre ans en Russie en rapportant la coupe à la maison pour la seconde fois de leur histoire. Après une bonne préparation et des matchs qualificatifs remportés, les joueurs de l'équipe de France seront de redoutables adversaires.

VERS LA FINALE ?

Les matchs de qualification pour la Coupe du monde de la FIFA 2022 ont commencé en juin 2019. Seul le Qatar, pays organisateur, est automatiquement qualifié. Les grandes nations de football comme le Brésil, l'Argentine, l'Angleterre et la France ont donc dû se distinguer pour gagner leur ticket pour le tournoi.

Dans les startings-blocks !

32 équipes vont s'affronter dans les stades du Qatar. Pas facile de désigner les favoris : peut-être la légendaire *Seleçao* brésilienne, déjà tenante de cinq titres ? Et pourquoi pas la Belgique, l'Allemagne, l'Espagne, la Croatie ou les Pays-Bas, dont les jeunes équipes rêvent toutes d'ajouter une étoile à leur maillot...

Un favori ?

Les grandes équipes sont évidemment les plus attendues. Miser sur une victoire de la France, de l'Angleterre, de l'Argentine, du Brésil, de la Belgique, de l'Espagne ou de l'Allemagne n'est pas très risqué. Pourtant, le tournoi réserve toujours de belles surprises. La Croatie ne s'est-elle pas frayé un chemin jusqu'en finale en 2018 ? Mieux vaut donc garder un œil sur le Danemark, qui a tant brillé lors des matchs qualificatifs de l'UEFA Euro 2020.

Des joueurs exceptionnels !

De nombreuses stars du ballon rond devraient assurer le spectacle. Le meilleur buteur belge, Romelu Lukaku, compte bien faire trembler les filets, tout comme l'Allemand Serge Gnarbry, l'Anglais Harry Kane et le Hollandais Georginio Wijnaldum. Quant à Lionel Messi et Neymar, ils rêvent d'ajouter cet incroyable trophée qui manque encore à leur palmarès.

▶ L'attaquant belge Romelu Lukaku protégeant son ballon face à l'Anglais Harry Maguire.

Po

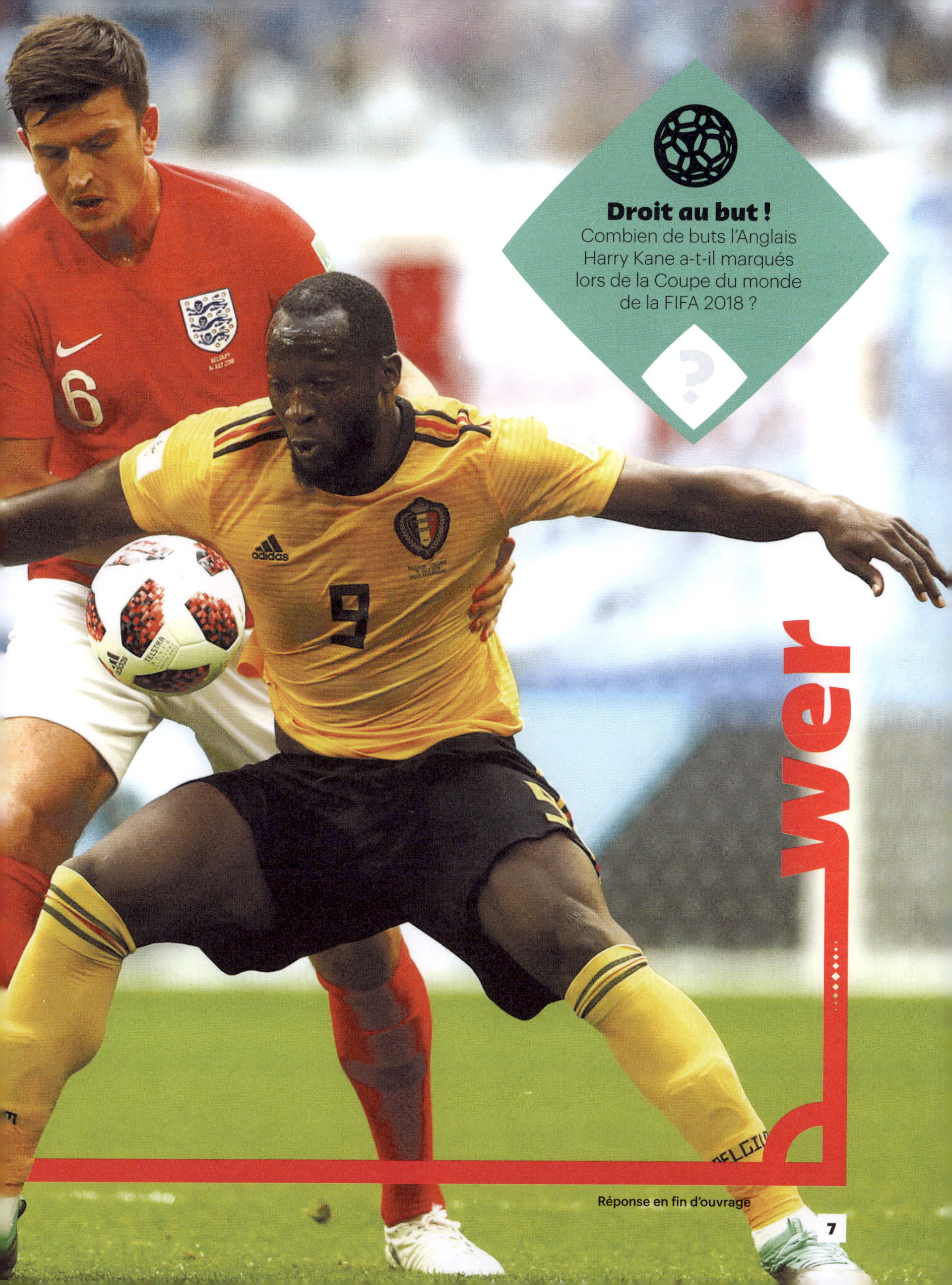

Droit au but !

Combien de buts l'Anglais Harry Kane a-t-il marqués lors de la Coupe du monde de la FIFA 2018 ?

?

Réponse en fin d'ouvrage

PLEINS FEUX SUR LE QATAR !

© FIFA TM

Le Qatar est le plus petit pays à avoir jamais organisé ce tournoi. Mais pour ce genre d'évènement, seule compte la passion du football !

Le football avant tout

Surnommée les Maroons, l'équipe du Qatar participera pour la toute première fois à la phase finale d'une Coupe du monde de la FIFA. En 2021, l'équipe a été invitée à disputer la Gold Cup et a perdu, de justesse, face aux vainqueurs du tournoi : les États-Unis. Les Qataris ont également décroché la troisième place lors de la toute première Coupe arabe de la FIFA. L'entraîneur Félix Sanchez Bas espère donc un beau parcours de son équipe pour cette Coupe du monde.

Une défense solide

Face à des équipes plus expérimentées, les Qataris savent qu'ils devront être patients, bien organisés en défense et prêts à passer à l'attaque à la moindre occasion. Leurs défaites serrées face à l'Argentine et à la Colombie en 2019, mais surtout leur victoire surprise lors de la Coupe d'Asie, montrent à quel point leur équipe est solide et prête pour disputer un tournoi mondial.

▶Le Qatar bat l'Égypte aux tirs au but et finit 3e de la Coupe arabe de la FIFA 2021.

Un attaquant vedette

Le buteur du Qatar Almoez Ali a déjà connu une Coupe du monde. L'attaquant, qui joue pour Al-Duhail dans la Qatar Stars League, a participé en 2015 à la Coupe du monde des moins de 20 ans. Il est impatient de faire son entrée sur le terrain des seniors. Avec 39 tirs décisifs et des accélérations impressionnantes, ce joueur est un atout de taille dans l'équipe des Qataris.

◀ Almoez Ali est un buteur prolifique pour le Qatar depuis ses débuts en 2016.

Entre passé et présent

Avec son riche passé historique, le Qatar est un pays formidable à découvrir. Plages de rêve, déserts spectaculaires et gratte-ciel vertigineux : cet endroit incroyable a tout pour plaire.

Les délices de Doha

Doha, la capitale, est un mélange magique entre centre d'affaires animé, restaurants au bord de l'eau, musées prestigieux et bien plus encore. Cet ancien village de pêcheurs de perles a connu un développement fulgurant pour devenir l'une des plus grandes villes du monde. Les fans de football qui auront la chance de s'y rendre en novembre ne pourront que tomber sous son charme.

GALERIE DE TROPHÉES

La Coupe du monde de la FIFA, c'est LA récompense que chaque joueur rêve de soulever une fois dans sa carrière. Depuis 92 ans, seules huit nations ont eu l'honneur de soulever cette prestigieuse coupe. Lorsque Hugo Lloris, le capitaine de l'équipe de France, a posé la main sur le trophée en Russie en 2018, il a réalisé l'un de ses plus grands rêves.

▼L'Allemand Lukas Podolski pose avec le trophée après la victoire de son équipe sur l'Argentine au Brésil en 2014.

Style années 1970

Créé en 1973, le trophée de la Coupe du monde de la FIFA va bientôt fêter ses 50 ans. Décerné pour la première fois à l'Allemagne de l'Ouest en 1974, il mesure 36,8 cm et pèse plus de 6 kg. Même s'il est plus petit que le trophée de la Ligue des champions de l'UEFA, aucune coupe ne fait autant vibrer les joueurs et les fans.

En or massif

Savais-tu que ce trophée est composé de près de 5 kg d'or pur ? À cela s'ajoutent deux anneaux en pierre de malachite pour constituer sa base. Dessiné et conçu à Milan par Silvio Gazzaniga, il représente deux athlètes debout qui reçoivent le monde au moment de leur victoire.

Vrai ou faux ?
Les gagnants du tournoi conservent une réplique du trophée en plaqué or.

Le trophée Jules Rimet

Le tout premier trophée de la Coupe du monde de la FIFA a été présenté lors des neuf finales qui se sont déroulées entre 1930 et 1970. Il doit son nom au Français Jules Rimet, président de la FIFA de 1920 à 1953, qui a beaucoup œuvré pour mettre en place cet évènement planétaire. Décerné pour la dernière fois au Brésil en 1970, le trophée originel a malheureusement été volé en 1983 et n'a jamais été retrouvé.

Réponse en fin d'ouvrage

LES AUTRES PRIX

Le trophée de la Coupe du monde de la FIFA n'est pas le seul à attirer les convoitises. Attaquant qui enchaîne les buts ou gardien infranchissable : ton joueur préféré pourrait repartir avec une distinction individuelle remise le soir de la finale.

▼ Harry Kane était en grande forme en 2018 en Russie.

Meilleur buteur

Si les buts sont incontournables pour espérer une victoire finale, ils le sont aussi pour décrocher le Soulier d'or Adidas. Ce prix, décerné au meilleur buteur de la compétition, existe depuis 1982 et a distingué de grands noms du football comme le Colombien James Rodriguez en 2014, les Allemands Thomas Müller en 2010 et Miroslav Klose en 2006, ou le Brésilien Ronaldo en 2002. En 2018, il est revenu au capitaine anglais Harry Kane pour ses six buts inscrits.

Vrai ou faux ?

La Russie a remporté le prix du Fair-play de la FIFA en 2018 en ne comptabilisant que 2 cartons jaunes et 34 fautes pendant le tournoi.

Réponse en fin d'ouvrage

De grands gardiens

Le Gant d'or Adidas récompense le meilleur gardien du mondial. En 2018, le Belge Thibaut Courtois a réalisé d'incroyables arrêts et n'a laissé passer aucun ballon pendant trois matchs consécutifs. Il succède à l'Allemand Manuel Neuer (2014), à l'Espagnol Iker Casillas (2010) et à l'Italien Gianluigi Buffon (2006).

Le plus impressionnant

Lionel Messi, Zinédine Zidane, Romário, Diego Maradona... Tous ces joueurs de légende ont un point commun : avoir été désigné Ballon d'Or Adidas lors d'une finale de Coupe du monde de la FIFA. En 2018, il a été remis au capitaine croate Luka Modrić. Pour cette édition 2022, Neymar ou Kevin De Bruyne espèrent bien impressionner la commission technique de la FIFA.

▲ **Le gardien belge Thibaut Courtois posant avec le Gant d'or Adidas 2018 en Russie.**

Étoiles montantes

Les jeunes talents ne sont pas oubliés. Chaque joueur de 21 ans ou moins lors du tournoi peut prétendre au prix du Meilleur jeune joueur Hyundai. En 2018, Kylian Mbappé, auteur de quatre buts décisifs lors du tournoi, s'est vu remettre cette distinction très prometteuse pour le mondial à venir.

ZOOM SUR LE TOURNOI

Les 32 équipes sont prêtes pour le coup d'envoi de la Coupe de monde de la FIFA 2022 le 21 novembre. Pendant deux mois, elles devront gagner leurs matchs pour se frayer un chemin jusqu'en finale. Retour sur les différents rendez-vous incontournables...

La phase de groupes

Comme lors des six dernières éditions de la Coupe du monde de la FIFA, les 32 nations ont été réparties en huit groupes de quatre équipes. La première phase consiste à affronter chaque équipe de son groupe pour récolter un maximum de points. Une victoire rapporte trois points, un match nul un point, et une défaite aucun. Seules les deux meilleures équipes de chaque groupe accèdent aux huitièmes de finale.

Les huitièmes de finale

À partir de là, chaque faux pas rime avec fin de tournoi. Les vainqueurs d'un groupe affrontent les seconds d'un autre. Le match nul est évidemment exclu. En cas d'égalité au bout du temps réglementaire, 30 minutes de prolongation sont mises en place, suivies d'une séance de tirs au but si aucun vainqueur ne se profile.

Les quarts de finale

Les équipes victorieuses des huitièmes se qualifient pour l'un des quatre quarts de finale. Ces matchs se joueront à Lusail, Al-Rayyan, Al-Khor et Doha. En 2018, le quart de final opposant la Croatie à la Russie est resté dans les annales avec sa séance de tirs au but.

Super expert

Combien d'équipes européennes participeront au tournoi en 2022 ?

A 10 **B** 13 **C** 19

◀ **La Belgique évite les prolongations avec un but à la dernière seconde face au Japon !**

Réponse en fin d'ouvrage

Les demi-finales

Il ne reste à présent que quatre matchs à jouer, dont celui pour la troisième place entre les deux demi-finalistes battus. Un but ou une erreur à ce stade peut faire toute la différence et mettre fin au rêve de grandeur. La victoire 7-1 de l'Allemagne sur le Brésil en 2014 reste la plus belle demi-finale de Coupe du monde de la FIFA de tous les temps !

La finale

Le 64e et dernier match de la Coupe du monde de la FIFA 2022 sacrera l'équipe championne. Un seul but peut suffire, comme en 2014, ou un but contre son camp, comme en 2018. Quelles que soient les deux dernières équipes en lice, le 18 décembre 2022, les yeux du monde entier seront rivés sur le stade Lusail.

▲ Le Français Olivier Giroud remportant son duel face au Belge Vincent Kompany en demi-finale en 2018.

SOUVENIRS DE 2018

169 buts marqués, 736 joueurs sélectionnés et plus d'un milliard de téléspectateurs face à leurs écrans pour la finale en direct, la Coupe du monde de la FIFA 2018 en Russie a marqué les esprits. Mais te souviens-tu bien des meilleurs moments de cette compétition ?

Une fantastique finale

Depuis 1966, jamais on n'avait vu autant de buts ni de rebondissements dans une finale. Avec une victoire 4-2 de la France sur la Croatie, de superbes frappes, un but contre son camp et un pénalty accordé avec l'aide de l'assistance vidéo, les spectateurs du monde entier ont vibré pendant près de 90 minutes !

▼ **Artem Dzyuba a quitté le banc pour marquer le troisième but de la Russie face à l'Arabie Saoudite en 2018.**

À l'heure russe

La Russie a ravi ses supporters avec une victoire 5-0 face à l'Arabie Saoudite en match d'ouverture. Dès lors, tout le pays a suivi l'épopée de ses joueurs. Avec eux, ils ont fêté la victoire aux tirs au but face à l'Espagne, puis découvert le goût amer de la défaite, toujours aux tirs au but, face à la Croatie en quart de finale.

Un tir époustouflant

Si les attaquants les plus célèbres comme Kylian Mbappé, Antoine Griezmann, Cristiano Ronaldo ou Luis Suárez ont trouvé le chemin des filets, c'est bien la frappe d'un défenseur qui a été élue But du tournoi Hyundai. Avec son incroyable tir, Benjamin Pavard a permis à la France de revenir au score face à l'Argentine.

▶ Le Mexicain Hirving Lozano célèbre son but décisif qui donne la victoire à son équipe sur l'Allemagne, championne en titre.

De nouvelles stars

Briller lors d'un match de Coupe du monde, c'est l'assurance de se faire un nom et d'entrer dans l'histoire du football. En marquant trois buts de la tête, le défenseur colombien Yerry Mina a impressionné le monde entier. Même chose pour l'ailier mexicain Hirving Lozano, qui, avec son but, a éliminé l'Allemagne tenante du titre dès les phases de groupes.

Déjouer les statistiques…

Au sein de ce tournoi mythique, rien n'est joué d'avance. On compte en effet 27 buts, marqués dans les toutes dernières minutes de jeu, qui ont fait basculer les matchs. Et que dire de l'Allemagne, qui, sacrée championne du monde en 2014 au Brésil, n'a pas réussi à dépasser les phases de groupes…

DES MOMENTS MYTHIQUES

Chaque édition de la Coupe du monde de la FIFA a son lot de moments inoubliables. Ces 21 éditions ont d'ailleurs toutes laissé une trace indélébile dans l'histoire du football. Dépassement de soi, équipes soudées, scores jamais vus : voici quelques faits qui ont marqué les esprits à jamais.

Le coup de maître de Hurst

Un seul joueur au monde a réussi un triplé lors d'une finale de la Coupe du monde de la FIFA : l'Anglais Geoff Hurst. C'est à Wembley, à Londres, en 1966, qu'il fait trembler les filets à la 18e, 101e et 120e minute et donne la victoire à son équipe face à l'Allemagne de l'Ouest.

Le choc sénégalais

Il y a 20 ans, l'équipe de France tenante du titre s'inclinait face au Sénégal en match d'ouverture au Japon. Un exploit pour les Lions qui disputaient leur premier tournoi.

◀**Papa Bouba Diop réalise une performance historique en marquant face à la France en 2002.**

▲ Diego Maradona sur le point de marquer le plus beau but de l'histoire de la Coupe du monde de la FIFA.

Le magicien

Tous les amoureux du ballon rond te le diront, le but de Diego Maradona à la 55e minute du quart de finale opposant l'Argentine à l'Angleterre en 1986 au Mexique est le plus beau de tous les temps ! Après avoir récupéré le ballon en milieu de terrain, El Pibe de Oro évite les tacles et remonte le terrain en seulement 11 secondes. Rien n'aurait pu l'arrêter, pas même le gardien anglais Peter Shilton.

La frappe de Haan

Milieu de terrain polyvalent des Pays-Bas, Arie Haan est devenu une légende lors du tournoi de 1978. Ses buts à plus de 30 mètres face à l'Allemagne de l'Ouest puis face à l'Italie ont mené son équipe en finale de la Coupe du monde de la FIFA pour la seconde fois de son histoire et ont surtout fait de lui une légende.

Le roi Pelé

À seulement 17 ans, le héros brésilien Pelé entre dans l'histoire lors de la Coupe du monde de la FIFA de 1958 en marquant son premier but en quart de finale. Auteur d'un triplé en demi-finale, il clôturera le tournoi en marquant deux buts. Avec une écrasante victoire 5-2, le Brésil remporte son premier titre face à la Suède.

LES CHIFFRES À LA LOUPE

Tel un vaillant défenseur, il est temps de « tacler » ces questions sur la Coupe du monde de la FIFA !

Football codé

Chacun des nombres ci-dessous représente la lettre équivalente dans l'alphabet (1=A, 2=B, 3=C, etc.). Trouve la correspondance pour chaque nombre et découvre quel pays jouera au Qatar en 2022.

3 18 15 1 20 9 5

Portu-goal

Sur cette photo d'un incroyable ciseau retourné du Portugais Cristiano Ronaldo, lequel des cinq ballons est le vrai ?

Décide des chiffres

Les réponses à chacune de ces questions comprennent soit un 1, soit un 2, soit un 9, un 0, un 7, ou une combinaison de ces chiffres. Choisis les chiffres qui te semblent corrects, et souviens-toi : ils peuvent être utilisés plusieurs fois !

A : En quelle année l'Espagne a-t-elle remporté la Coupe du monde de la FIFA ?

B : Quel numéro de maillot portait le latéral droit brésilien Cafu lors des finales de 1998, 2002 et 2006 ?

C : Combien de buts Cristiano Ronaldo a-t-il marqués lors de la finale de la Coupe du monde de la FIFA ?

D : Combien de matchs de la phase finale de Coupe du monde de la FIFA les équipes du Brésil et de l'Allemagne ont-elles jouées ?

Numéro 10

Ces joueurs sont tous des numéros 10 célèbres. Sauras-tu trouver de quels joueurs il s'agit à partir des indices donnés ?

A : Après avoir été la vedette de l'Olympique lyonnais, j'ai rejoint Barcelone en 2021, et l'orange me va particulièrement bien.

LE JOUEUR EST : M _ _ _ _ _ _ D _ _ _ _

B : J'ai joué pour Chelsea et au Real Madrid, et l'un de mes frères cadets est également un footballeur international.

LE JOUEUR EST : E _ _ _ H _ _ _ _ _

C : Je suis l'un des meilleurs footballeurs de tous les temps et suis devenu une mégastar les années où j'ai joué à Barcelone.

LE JOUEUR EST : L _ _ _ _ _ M _ _ _ _

D : J'ai déjà participé à la finale de la Coupe du monde de la FIFA et j'aurai 37 ans lors de la Coupe du monde au Qatar.

LE JOUEUR EST : L _ _ _ M _ _ _ _ _

Réponses en fin d'ouvrage.

SUPER STADES

La Coupe du monde de la FIFA 2022 aura lieu dans huit magnifiques stades. Sept d'entre eux ont été construits spécialement pour la compétition, avec des architectures originales qui s'inspirent de l'histoire et de la culture du Qatar et de ses environs.

Stade Education City

Ville : Al-Rayyan ◆ **Capacité :** 40 000
Achevé en 2020, ce stade s'élève au beau milieu de sièges d'organismes d'envergure internationale, comme la Fondation du Qatar pour l'éducation, la science et le développement social. Ses tribunes vibreront dès les phases de groupes, et jusqu'aux quarts de finale.

Stade Al-Janoub

Ville : Al-Wakrah ◆ **Capacité :** 40 000
Il suffit de jeter un coup d'œil à l'extérieur du stade Al-Janoub pour se rendre compte de ses liens avec l'industrie perlière historique d'Al-Wakrah. Inauguré en 2019 et utilisé pour la finale de la Coupe de l'Émir cette année-là, ce stade offrira aux supporters une atmosphère vibrante pendant la Coupe du monde de la FIFA 2022.

Stade Lusail

Ville : Lusail ◆ **Capacité :** 80 000
Le stade Lusail, le plus grand et le plus impressionnant site de la compétition, accueillera la finale le 18 décembre. Le design de l'arène s'inspire des motifs décoratifs qui ornent les bols du monde arabe. Il deviendra ensuite la pièce maîtresse d'une nouvelle ville et laissera un héritage durable dans la région.

Stade Khalifa International

Ville : Doha ◆ **Capacité :** 40 000
Le stade Khalifa International est sans conteste l'un des hauts lieux du football au Qatar. Construit en 1876, il a été entièrement rénové avant sa réouverture en 2017, et a déjà accueilli en son sein la Coupe du monde des clubs de la FIFA 2019, la Coupe d'Asie de l'AFC, les Jeux asiatiques et la Coupe du Golfe.

Stade Lusail

Stade Khalifa International

Réponse en fin d'ouvrage.

Stadium 974

Ville : Doha

Capacité : 40 000

D'un point de vue architectural, ce stade est certainement le plus audacieux jamais construit. Réalisé à partir de conteneurs, de sièges amovibles et d'éléments modulaires, il sera entièrement démonté après la compétition afin que ses éléments puissent être réutilisés dans d'autres projets.

Décompte final

Combien de supporters étaient présents au stade Luzhniki lors de la finale de la Coupe du monde de football 2018 ?

A 88 888 **B** 78 011 **C** 50 556

Stade Al-Thumama

Ville : Doha

Capacité : 40 000

Situé à seulement 12 km au sud du centre animé de Doha, le stade Al-Thumama est un autre exemple d'arène incarnant la culture nationale et régionale. Son architecture s'inspire des coiffes traditionnelles, appelées « *gahfiya* », et il doit son nom à un arbre populaire qui prospère dans cette région.

Stade Al-Bayt

Ville : Al-Khor City ◆ **Capacité :** 60 000

La FIFA l'affirme : ce stade unique rivalisera avec les meilleurs du monde. Sa conception en forme de tente géante est un clin d'œil aux peuples nomades du Qatar et de la région du Golfe. Comme pour de nombreux sites, une partie des sièges sera retirée après la finale et redistribuée à des projets d'infrastructures sportives dans le monde entier. Il accueillera la cérémonie d'ouverture et le premier match du Qatar, contre l'Équateur.

Stade Ahmad Bin Ali

Ville : Al-Rayyan ◆ **Capacité :** 40 000

Le stade Ahmad Bin Ali se trouve aux portes du désert, près de la cité traditionnelle d'Al-Rayyan. C'est pourquoi la nature et la durabilité sont inscrites au cœur même de cette arène. Les structures aux abords du stade rappellent les dunes de sable que l'on trouve à proximité. Le stade Ahmad Bin Ali abrite également le club sportif Al-Rayyan.

Stade Al-Bayt

Stade Ahmad Bin Ali

LE TROPHÉE DE LA GLOIRE

Remporter la Coupe du monde de la FIFA représente la gloire ultime dans le monde du football. Sur les 21 finales disputées à ce jour, seules huit nations ont réussi cet exploit.

Brésil

Vainqueurs : 2002, 1994, 1970, 1962, 1958
Finalistes : 1998, 1950
Les Brésiliens sont très fiers de leur record de cinq titres. Entre 1958 et 1970, ils ont soulevé le trophée trois fois sur les quatre finales disputées. Vingt ans plus tard, ils rêvent de décrocher un sixième titre.

Allemagne

Vainqueurs : 2014, 1990, 1974, 1954
Finalistes : 2002, 1986, 1982, 1966
L'Allemagne a une longue histoire avec les finales de la Coupe du monde de la FIFA. En 60 ans, la *Mannschaft* a disputé huit finales et a remporté quatre fois la victoire.

Italie

Vainqueurs : 2006, 1982, 1938, 1934
Finalistes : 1994, 1970
Lorsque le capitaine Fabio Cannavaro a soulevé le trophée en 2006, c'était la quatrième fois que les *Azzurri* triomphaient. Avec le Brésil, l'Italie est le seul pays à avoir conservé la couronne pendant 8 ans.

France

Vainqueurs : 2018, 1998
Finalistes : 2006
Les supporters français ont été comblés lorsque le capitaine Hugo Lloris a soulevé le trophée en 2018. En 2022, les Bleus espèrent conserver le titre et rejoindre le Brésil et l'Italie, les seuls à avoir réussi cet exploit.

Argentine

Vainqueurs : 1986, 1978
Finalistes : 2014, 1990, 1930
Des légendes du ballon rond telles que Diego Maradona, Daniel Passarella et Mario Kempes ont soulevé ce trophée. Après être passé si près du but en 2014, Lionel Messi est déterminé à ne pas laisser passer cette nouvelle chance d'entrer dans l'histoire.

▶ **L'Espagne a fait preuve d'acharnement pour décrocher la victoire en 2010 en Afrique du Sud.**

Champ

Uruguay

Vainqueurs : 1950, 1930

Les triomphes de l'Uruguay remontent à 72 et 92 ans, mais ces équipes sont toujours considérées comme héroïques. Leurs victoires sur l'Argentine à domicile en 1930 et sur le Brésil à Rio en 1950 sont restées gravées dans les mémoires.

Angleterre

Vainqueurs : 1966

Le stade Wembley a accueilli un grand moment de l'Angleterre : une victoire 4-2 en prolongation contre l'Allemagne de l'Ouest en 1966. Avec une demi-finale en 2018 et une finale de l'UEFA EURO 2020, les Trois Lions sont attendus en 2024.

Espagne

Vainqueurs : 2010

En 2010, l'Espagne fait une entrée mitigée dans le tournoi en perdant son match d'ouverture. Mais les hommes de Vicente del Bosque se sont aguerris au fil du tournoi et ont battu 1-0 les Pays-Bas en finale.

Finales de la Coupe du monde

2018	France 4-2 Croatie
2014	Allemagne 1-0 Argentine (AP)
2010	Espagne 1-0 Pays-Bas (AP)
2006	Italie 1-1 France*
2002	Brésil 2-0 Allemagne
1998	France 3-0 Brésil
1994	Brésil 0-0 Italie**
1990	Allemagne de l'Ouest 1-0 Argentine
1986	Argentine 3-2 Allemagne de l'Ouest
1982	Italie 3-1 Allemagne de l'Ouest
1978	Argentine 3-1 Pays-Bas (AP)
1974	Allemagne de l'Ouest 2-1 Pays-Bas
1970	Brésil 4-1 Italie
1966	Angleterre 4-2 Allemagne de l'Ouest (AP)
1962	Brésil 3-1 Tchécoslovaquie
1958	Brésil 5-2 Suède
1954	Allemagne de l'Ouest 3-2 Hongrie
1950	Uruguay 2-1 Brésil
1938	Italie 4-2 Hongrie
1934	Italie 2-1 Tchécoslovaquie (AP)
1930	Uruguay 4-2 Argentine

** L'Italie a gagné 5-3 aux tirs au but*

(AP) Après prolongation

*** Le Brésil a gagné 3-2 aux tirs au but*

Capitaine d'équipe

En lisant ces indices, sauras-tu retrouver de quel capitaine de la Coupe du monde de la FIFA 2022 il s'agit ?

1. Il a fait ses débuts au FC Groningen.

2. Il a remporté la Premier League et l'UEFA Champions League.

3. Il est défenseur central.

....

Réponse en fin d'ouvrage.

ATTAQUANTS VEDETTES

Dans une Coupe du monde de la FIFA, chaque position est importante, mais avoir un attaquant fantastique dans son équipe peut faire toute la différence ! Ces buteurs comptent bien faire trembler les filets au Qatar en 2022.

Harry Kane

Pays : Angleterre
Né le : 28 juillet 1993
Matchs : 69 **Buts :** 49
Débuts à l'international : 2015

Kane est un attaquant aux multiples facettes. Il peut mener la ligne seul ou avec un partenaire. Utilisant sa puissance et son jeu de jambes pour aller droit au but, il peut réaliser des appels en profondeur et lancer des attaques. Avec 12 buts en 8 matchs de qualification, il a su se rendre indispensable pour pénétrer la surface de réparation.

Memphis Depay

Pays : Pays-Bas
Né le : 13 février 1994
Matchs : 77 **Buts :** 39
Débuts à l'international : 2013

Dans un groupe de qualification difficile pour la Coupe du monde de la FIFA où la Norvège et la Turquie ont sévèrement bousculé les Néerlandais, les 12 buts et 6 passes décisives de Depay se sont avérés cruciaux. Aussi performant en club (Lyon puis Barcelone, qu'il a rejoint en 2021) que pour son pays, il a réalisé son premier triplé dans un tournoi international senior contre la Turquie.

Romelu Lukaku

Pays : Belgique
Né le : 13 mai 1993
Matchs : 101 **Buts :** 68
Débuts à l'international : 2010

Avec plus de 100 sélections en équipe nationale, Lukaku est sans conteste le meilleur buteur belge de tous les temps. À seulement 28 ans, c'est un véritable pilier sur lequel les Diables Rouges peuvent toujours compter. Avec sa force et son habileté dans la surface de réparation, la Belgique espère bien cette fois disputer la toute première finale de son histoire.

Cristiano Ronaldo

Pays : Portugal
Né le : 5 février 1985
Matchs : 186 **Buts :** 115
Débuts à l'international : 2003

On pourrait écrire des livres entiers sur la légende Cristiano Ronaldo ! Même à 37 ans, l'attaquant vedette est un véritable héros national au Portugal. Avec 110 buts pour son pays, il est le buteur le plus prolifique du monde. Pourtant, un seul titre manque encore à sa carrière... et Cristiano Ronaldo compte bien y remédier au Qatar.

Kylian Mbappé

Pays : France
Né le : 20 décembre 1998
Matchs : 54 **Buts :** 26
Débuts à l'international : 2017

Grâce à sa frappe incroyable contre la Croatie en 2018, Mbappé entre dans la légende du football en devenant le 2e plus jeune joueur (après Pelé) à avoir marqué en finale de la Coupe de monde de la FIFA. Plus de quatre ans plus tard, Mbappé a musclé son jeu grâce à des courses fulgurantes dans la surface et des passes décisives d'une précision chirurgicale.

Garde également un œil sur...
Lionel Messi (Argentine)
Neymar (Brésil)
Serge Gnabry (Allemagne)

MILIEUX DE TERRAIN EN OR

Le travail d'un milieu de terrain implique de nombreuses compétences : distribuer le jeu, mettre sous pression l'adversaire, tacler pour récupérer la balle. Ils jouent un rôle crucial et qu'ils soient créateurs, excentrés ou plus offensifs, ils ont une grande responsabilité. Cette sélection présente les meilleurs des meilleurs.

Leon Goretzka

Pays : Allemagne
Né le : 6 février 1995
Matchs : 41 **Buts :** 14
Débuts à l'international : 2014

La présence de Goretzka au milieu du terrain permet à des joueurs créatifs comme Kai Havertz et İlkay Gündoğan d'être plus offensifs. Avec son coéquipier du Bayern de Munich, Joshua Kimmich, ils forment un duo qui sera précieux pour emmener l'Allemagne le plus loin possible dans ce tournoi.

Luka Modrić

Pays : Croatie
Né le : 9 septembre 1985
Matchs : 148 **Buts :** 21
Débuts à l'international : 2006

Difficile d'imaginer la Croatie sans son capitaine, Luka Modrić. Véritable magicien du milieu de terrain, il a guidé son pays jusqu'en finale de la Coupe du monde de la FIFA en 2018 et a marqué 2 fois lors des 7 matchs de qualification pour 2022. Et à chaque fois d'un coup de pied arrêté (un pénalty contre Malte et un coup franc contre la Slovaquie).

Pedri

Pays : Espagne
Né le : 25 novembre 2002
Matchs : 12 **But :** 0
Débuts à l'international : 2021

Si Sergio Busquets joue toujours un rôle important dans le milieu de terrain espagnol, un joueur de 14 ans son cadet est un véritable phénomène à suivre. Pedri possède les compétences et la vision nécessaires pour débloquer les défenses et, avec son expérience de l'UEFA EURO 2020 et des Jeux olympiques, le jeune homme ne tremblera pas pour sa première Coupe du monde de la FIFA.

Garde également un œil sur…
Bruno Fernandes (Portugal)
Jack Grealish (Angleterre)
Georginio Wijnaldum (Pays-Bas)

Kevin De Bruyne

Pays : Belgique
Né le : 28 juin 1991
Matchs : 88 **Buts :** 23
Débuts à l'international : 2010

Star des Diables Rouges depuis douze ans, en 2022, Kevin De Bruyne disputera sa troisième Coupe du monde de la FIFA. Sa grande intelligence footballistique lui permet d'être à l'aise partout, tant en latéral qu'en soutien aux attaquants. De quoi s'attendre à un jeu musclé de la part de la Belgique !

Casemiro

Pays : Brésil
Né le : 23 février 1992
Matchs : 61 **Buts :** 5
Débuts à l'international : 2011

Tu es surpris de voir Casemiro classé parmi les meilleurs milieux de terrain ? Pourtant ses performances et sa collection de trophées parlent d'elles-mêmes. Casemiro protège les défenseurs centraux, récupère le ballon et le transmet aux attaquants brésiliens comme personne. Ses belles prestations en club et en sélection lui ont permis de gagner plus de 15 trophées à ce jour.

VAILLANTS DÉFENSEURS

Le succès d'une équipe repose sur des bases solides, ce qui implique d'avoir des défenseurs dynamiques capables d'écarter tout danger. Ces cinq joueurs sont parmi les meilleurs au monde : ils repoussent les attaques, mais représentent également une menace.

Aymeric Laporte

Pays : Espagne
Né le : 27 mai 1994
Matchs : 15 **But :** 1
Débuts à l'international : 2021

Laporte a joué plus de 50 matchs sous les couleurs de l'équipe de France junior. Mais depuis qu'il a obtenu la nationalité espagnole en 2021, il est l'un des premiers noms sur la feuille de match de *La Roja*. Ses compétences physiques, son sens du jeu et ses tacles bien dosés gardent l'équipe à l'abri du danger.

Virgil Van Dijk

Pays : Pays-Bas
Né le : 8 juillet 1991
Matchs : 46 **Buts :** 5
Débuts à l'international : 2015

N'ayant pas pu aller en Russie en 2018, Van Dijk est heureux d'être le capitaine des Pays-Bas pour la Coupe du monde de la FIFA 2022 au Qatar. Le défenseur de Liverpool entend bien ajouter ce trophée à son impressionnant palmarès. Admire sa capacité à ressortir le ballon, en toute confiance...

Simon Kjær

Pays : Danemark
Né le : 26 mars 1989
Matchs : 119 **Buts :** 5
Débuts à l'international : 2009

Le capitaine Kjær, présent en défense, a aidé le Danemark à se qualifier brillamment. L'équipe n'a encaissé que 3 buts sur les 10 matchs joués. Le défenseur central de l'AC Milan était également en grande forme lors de l'EURO 2020, où le Danemark avait atteint les demi-finales.

Cristian Romero

Pays : Argentine
Né le : 27 avril 1998
Matchs : 10 **But :** 1
Débuts à l'international : 2021

Romero a fait ses débuts internationaux en 2021, mais est déjà un défenseur incontournable pour son pays. Le puissant joueur de 24 ans a aidé l'Argentine à remporter la dernière Copa América. Ses qualités athlétiques, sa vivacité d'esprit et son intelligence de jeu apporteront une sérénité à la défense argentine pour disputer les matchs qui l'attendent.

Garde également un œil sur...
Rúben Dias (Portugal)
Raphaël Varane (France)
Jan Vertonghen (Belgique)

Harry Maguire

Pays : Angleterre
Né le : 5 mars 1993
Matchs : 42 **Buts :** 7
Débuts à l'international : 2017

Grâce à son expérience, Maguire demeure l'atout défensif. Demi-finaliste en Russie en 2018, puis finaliste de l'UEFA EURO 2020, ce joueur compte bien remporter le trophée cette année. Ses tacles opportuns et ses passes décisives vers l'avant sont de véritables menaces pour l'attaque adverse.

GARDIENS DE BUT INFRANCHISSABLES

Aucune équipe ne pourra soulever le trophée de la Coupe du monde de la FIFA sans une « paire de gants infranchissables » entre les poteaux. Le gardien, dernier rempart, a pour mission d'effectuer de grands arrêts, de repousser les attaques et de distribuer le ballon.

Emiliano Martínez

Pays : Argentine
Né le : 2 septembre 1992
Matchs : 16
Débuts à l'international : 2021

Martínez a longtemps attendu sa chance de briller avec l'équipe nationale. Ce grand gardien a fait ses débuts l'an dernier et est devenu un héros en arrêtant 3 pénaltys lors de la demi-finale de la Copa América. Il a gardé la même ligne de conduite lors de la finale, aidant ainsi l'Argentine à remporter la compétition. Martínez ne manquera pas de faire parler de lui au Qatar.

Alisson

Pays : Brésil
Né le : 2 octobre 1992
Matchs : 54
Débuts à l'international : 2015

Alisson devra se battre contre Ederson, gardien de Manchester City, pour être le n° 1 du Brésil lors de la phase finale. L'agilité du gardien de Liverpool, sa rapidité, sa bravoure, ses bons coups de pied et son jeu de jambes semblent lui donner l'avantage. Il est certainement l'un des meilleurs gardiens au monde.

Garde également un œil sur...
Kasper Schmeichel (Danemark)
Unai Simón (Espagne)
Thibaut Courtois (Belgique)

Jordan Pickford

Pays : Angleterre
Né le : 7 mars 1994
Matchs : 43
Débuts à l'international : 2017

Pickford n'a peut-être pas la présence physique de l'Allemand Neuer, mais le n° 1 anglais en a toutes les qualités et mérite sa place en phase finale de la Coupe du monde. Les réflexes du joueur de 28 ans sont incroyables et, une fois qu'il a récupéré le ballon, il cherche instantanément à le relancer avec précision pour aider son équipe à lancer une nouvelle attaque.

Manuel Neuer

Pays : Allemagne
Né le : 27 mars 1986
Matchs : 109
Débuts à l'international : 2009

Hormis Hugo Lloris, Neuer est le seul gardien de but présenté ici à avoir l'expérience d'une victoire en Coupe du monde, au Brésil en 2014. À l'approche de sa quatrième phase finale en Coupe du Monde, il reste un rempart de taille entre les poteaux et utilisera ses mains ainsi que ses pieds pour conduire l'Allemagne vers une nouvelle victoire.

Hugo Lloris

Pays : France
Né le : 26 décembre 1986
Matchs : 137
Débuts à l'international : 2008

La France peut-elle remporter deux Coupes du monde de la FIFA à la suite comme le Brésil il y a 60 ans ? Pour donner une chance à son équipe, Lloris devra faire appel à tout son talent de gardien de but. Les défenseurs le savent : ils peuvent compter sur le sang-froid de leur capitaine.

PARLES-TU COUPE DU MONDE ?

Ces jeux sont tous en lien avec les mots et les phrases phares de la Coupe du monde de la FIFA. Voyons un peu ce que tu sais...

Jeu de mots

Arriveras-tu à compléter ces mots, tous relatifs à la Coupe du monde l'hiver prochain ?

T_ _ _ _ _E

QA_ _ _

SO_ _I_ _   D'_R   A_ _D_S

Messages emmêlés

L'entraîneur brésilien Tite crie ses instructions à son équipe, mais le message est confus. Remets les lettres dans l'ordre pour le découvrir.

TTAEQAU !   _ _ _ _ _ _ _!

CELACREE !   _ _ _ _ _ _ _ _!

BLEIRDB !   _ _ _ _ _ _ _!

Message codé

Pour trouver le mot, écris pour chaque lettre la lettre qui la suit dans l'alphabet.

BNTO C'DMUNH   _ _ _ _ _'_ _ _ _ _

Mots mêlés de la Coupe du monde de la FIFA

Sauras-tu retrouver tous les mots de la liste dans cette grille ?
Regarde bien dans tous les sens !

T	E	E	P	S	C	D	E	W	C	O	U	P	E	A
N	V	N	C	E	C	E	R	E	L	A	N	I	F	O
R	H	I	J	U	R	F	A	G	X	U	F	I	N	H
I	R	A	M	T	U	E	E	L	A	G	F	X	L	E
O	C	T	S	N	H	N	G	D	R	R	K	V	X	P
N	D	I	L	O	W	S	H	Q	G	E	D	B	R	U
R	E	P	S	A	Q	E	X	J	K	M	I	I	U	O
U	Q	A	O	U	Q	U	K	J	U	P	E	Q	E	R
O	S	C	T	U	Z	R	S	O	F	L	O	Y	N	N
T	T	L	I	W	O	Y	M	W	A	A	R	U	I	I
P	G	P	R	L	Y	R	L	T	H	C	L	Q	A	G
D	E	T	N	A	U	Q	A	T	T	A	C	V	R	I
A	Z	R	K	I	Y	X	X	H	Q	N	T	X	T	T
S	U	P	P	O	R	T	E	R	S	T	L	P	N	O
D	P	R	R	N	U	B	N	C	L	C	N	M	E	A

CAPITAINE
ATTAQUANT
FINALE
GARDIEN
ÉQUIPE
COUPE
DÉFENSEUR
REMPLAÇANT
ENTRAÎNEUR
SUPPORTERS
TOURNOI
FIFA

Réponses en fin d'ouvrage.

INCROYABLES RECORDS

Des performances de toute une équipe à l'excellence individuelle, découvre les records les plus incroyables de la Coupe du monde de la FIFA !

Les assidus

Le Brésil est le seul pays à avoir participé aux 21 éditions de la Coupe du monde de la FIFA. Lorsque les *Samba boys* donneront le coup d'envoi au Qatar, ce sera leur 22e tournoi, avec 7 finales et un record de 5 titres au compteur.

Heureuses demi-finales

L'Argentine a disputé le plus grand nombre de demi-finales de la Coupe du monde de la FIFA sans jamais en perdre une. Elle a atteint le dernier carré à 4 reprises : en 2014, 1990, 1986 et 1930, pour se qualifier en finale*.

▶ L'Argentine a battu les Pays-Bas lors d'une séance de tirs au but pour atteindre la finale en 2014.

Quatre par quatre

Cristiano Ronaldo (Portugal), Miroslav Klose (Allemagne), Uwe Seeler (Allemagne) et Pelé (Brésil) sont les seuls joueurs à avoir marqué dans 4 Coupes du monde de la FIFA différentes. Klose détient néanmoins le record avec 16 buts au total.

Totalement fou

La légende française Just Fontaine a marqué 13 buts lors du mondial 1958. Aucun autre joueur n'a jamais égalé ce nombre - le deuxième meilleur est le Hongrois Sándor Kocsis avec 11 buts en 1954.

Nom mystère

Remplis ce maillot avec les lettres manquantes pour révéler le nom d'un célèbre joueur de la Coupe du monde de la FIFA.

*L'Argentine est allée 5 fois en finale, car il n'y a pas eu de demi-finales en 1978.

Réponse en fin d'ouvrage.

Novice et vétéran

Le record du joueur le plus âgé revient au gardien égyptien Essam El-Hadary, qui avait 45 ans et 161 sélections lorsqu'il a joué en Russie en 2018. Le plus jeune est le milieu de terrain et attaquant nord-irlandais Norman Whiteside, qui a participé à la Coupe du monde en Espagne en 1982 à l'âge de 17 ans et 41 jours.

Un capitaine fantastique

Le défenseur mexicain Rafael Márquez est l'un des trois seuls joueurs à avoir participé à 5 Coupes du monde de la FIFA (2018, 2014, 2010, 2006, 2002). Il a également porté le brassard du capitaine à chaque fois.

Un but rapide

L'attaquant turc Hakan Şükür a marqué 11 secondes seulement après le coup d'envoi du match Corée du Sud-Turquie lors de la Coupe du monde de la FIFA de 2002.

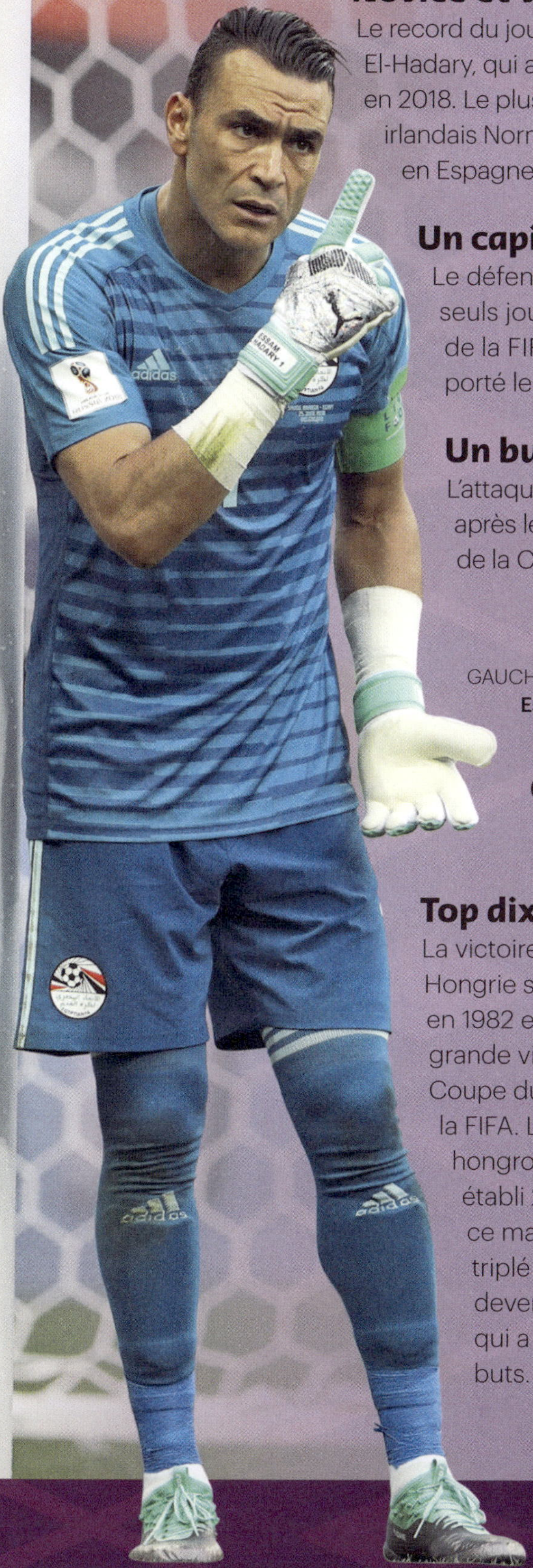

GAUCHE : **L'Égyptien Essam El-Hadary organise sa défense (Russie 2018).**

▼Rafael Márquez remercie la fou après sa dernière participation à la Coupe du monde en 2018.

Top dix

La victoire 10-1 de la Hongrie sur le Salvador en 1982 est la plus grande victoire de la Coupe du monde de la FIFA. Le remplaçant hongrois László Kiss a établi 2 records lors de ce match en réalisant un triplé en 7 minutes et en devenant le remplaçant qui a marqué le plus de buts.

LE SAIS-TU ?

Tu es incollable sur le football... mais connais-tu ces drôles d'anecdotes sur la Coupe du monde de la FIFA ? Mémorise-les pour impressionner tes amis et ta famille le moment venu !

1934 Pour la première fois en 88 ans, la phase finale se déroule dans un pays qui n'a jamais participé au tournoi auparavant. Cela ne s'est produit qu'une fois : en Italie en 1934.

100 L'entraîneur de l'équipe de France Didier Deschamps a été capitaine de cette même équipe de France pour plus de 100 sélections de 1989 à 2000. Il est le seul à avoir soulevé le trophée en tant que joueur, en 1998, et entraîneur, en 2018.

90 L'attaquant serbe Aleksandar Mitrović a inscrit le but de la victoire à la 90e minute contre le Portugal, assurant ainsi la qualification de son pays pour la Coupe du monde de la FIFA 2022, et condamnant les Portugais à disputer les matchs de barrage.

1 Pour la première fois, la phase finale de la Coupe du monde de la FIFA commencera en novembre, et non en mai, juin ou juillet comme les 21 précédentes.

2 L'Asie sera le continent hôte pour la deuxième fois de l'histoire du tournoi. La première fois, c'était en Corée du Sud et au Japon, en 2002.

7 L'Anglais Harry Kane a marqué 12 fois lors des qualifications, dont 7 en première mi-temps, lors de deux matchs consécutifs ! Il en a inscrit 3 contre l'Albanie, puis 4 à Saint-Marin trois jours plus tard.

2019 Les qualifications pour Qatar 2022 ont commencé le 6 juin 2019. Le capitaine de la Mongolie, Norjmoogiin Tsedenbal, a marqué le premier but des qualifications, son équipe s'imposant 3-2 sur l'ensemble des deux matchs contre le Brunei Darussalam.

Oui ou non ?

Ces nations participent à la Coupe du Monde de la FIFA 2022.

A Norvège ....

B Suisse ....

C Finlande ....

6 Le Brésil a été la première équipe sud-américaine à se qualifier pour la Coupe du monde de la FIFA 2022. Avec 45 points, la *Seleçao* bat le record de points en qualification sud-américaine détenu par l'Argentine (43 points pour les qualifications de 1998).

Réponses en fin d'ouvrage.

UN ŒIL ATTENTIF...

La phase finale de la Coupe du monde de la FIFA donnera lieu à des moments mémorables. Quand tu regarderas le tournoi, sois attentif à ces actions incroyables et coche-les. Ouvre grand les yeux !

▶L'Allemand Thomas Müller marque un triplé contre le Portugal (Brésil 2014).

Coup de chapeau

Qui réalisera un triplé lors de la phase finale ? Cristiano Ronaldo et Harry Kane l'ont fait en Russie en 2018 ; tout comme l'Allemand Thomas Müller et le Suisse Xherdan Shaqiri au Brésil en 2014.

JE L'AI REPÉRÉ !

Frappe dévastatrice

Les buts marqués depuis l'extérieur de la surface de réparation font toujours plaisir à voir. Si un joueur réalise une belle frappe de loin, marque-la ici.

JE L'AI REPÉRÉ !

C'est qui le patron ?

Les entraîneurs prennent de grandes décisions. Lorsqu'un remplaçant rentre sur le terrain et marque ou prépare le but de la victoire, cela prouve que le patron sait ce qu'il fait !

JE L'AI REPÉRÉ !

Tirs au but sensationnels

Lorsque les huitièmes de finale commenceront le 3 décembre, on peut s'attendre à quelques séances de tirs au but passionnantes en cas d'égalité. Lorsque tu vois cela, coche ici.

JE L'AI REPÉRÉ !

▲La danse emblématique du Brésilien Bebeto (USA 1994).

Fiesta sur le terrain

Les supporters ne sont pas les seuls à faire la fête : les joueurs aussi font parfois quelques pas de danse après avoir marqué un but !

JE L'AI REPÉRÉ !

Décision VAR

L'assistance vidéo à l'arbitrage sera utilisée pour les matchs de la phase finale. Lorsqu'une décision est corrigée, cela peut être un moment décisif pour les joueurs et les supporters !

JE L'AI REPÉRÉ !

Exhibition du trophée

Le 18 décembre, lorsque le trophée aura été remis aux vainqueurs après la finale, il sera fièrement exhibé dans le stade Lusail par les joueurs victorieux.

JE L'AI REPÉRÉ !

Supporters en liesse

Lorsque leur équipe offre un grand spectacle, attends-toi à voir les supporters se déchaîner dans le stade ! Qu'il s'agisse d'un match de groupe ou de la phase à élimination directe, ils seront derrière leurs joueurs.

JE L'AI REPÉRÉ !

PHASE DE GROUPES

Tu peux noter ici les résultats des 64 matchs de la Coupe du monde de la FIFA 2022. Regarde l'action et inscris tout. Quelle équipe aura le privilège d'atteindre la gloire ?

Groupe A - calendrier

21 novembre	17:00	QAT	v	ECU	Al-Bayt
21 novembre	11:00	SEN	v	NED	Al-Thumama
25 novembre	14:00	QAT	v	SEN	Al-Thumama
25 novembre	17:00	NED	v	ECU	Khalifa Int.
29 novembre	16:00	ECU	v	SEN	Khalifa Int.
29 novembre	16:00	NED	v	QAT	Al Bayt

Groupe A - résultats

ÉQUIPE	J	G	N	P	+/-	PTS
1						
2						
3						
4						

Groupe B - calendrier

21 novembre	14:00	ENG	v	IRN	Khalifa Int.
21 novembre	20:00	USA	v	WAL	Ahmad Bin Ali
25 novembre	11:00	WAL	v	IRN	Ahmad Bin Ali
25 novembre	20:00	ENG	v	USA	Al-Bayt
29 novembre	20:00	WAL	v	ENG	Ahmad Bin Ali
29 novembre	20:00	IRN	v	USA	Al-Thumama

Groupe B - résultats

ÉQUIPE	J	G	N	P	+/-	PTS
1						
2						
3						
4						

Groupe C - calendrier

22 novembre	17:00	MEX	v	POL	Stadium 974
22 novembre	11:00	ARG	v	KSA	Lusail
26 novembre	14:00	POL	v	KSA	Educ. City
26 novembre	20:00	ARG	v	MEX	Lusail
30 novembre	20:00	POL	v	ARG	Stadium 974
30 novembre	20:00	KSA	v	MEX	Lusail

Groupe C - résultats

ÉQUIPE	J	G	N	P	+/-	PTS
1						
2						
3						
4						

Groupe D - calendrier

22 novembre	20:00	FRA	v	AUS	Al-Janoub
22 novembre	14:00	DEN	v	TUN	Education City
26 novembre	11:00	TUN	v	AUS	Al-Janoub
26 novembre	17:00	FRA	v	DEN	Stadium 974
30 novembre	16:00	AUS	v	DEN	Al-Janoub
30 novembre	16:00	TUN	v	FRA	Education City

Groupe D - résultats

ÉQUIPE	J	G	N	P	+/-	PTS
1						
2						
3						
4						

J = Joué G = Gagné N = Nul
P = Perdu +/- = Goal average PTS = Points

Note : Les horaires sont donnés en heure française.
Il sera deux heures de plus au Qatar.

Groupe E - calendrier

23 novembre 17:00	ESP	v	CRC		Al-Thumama
23 novembre 14:00	GER	v	JPN		Khalifa Int.
27 novembre 11:00	JPN	v	CRC		Ahmad Bin Ali
27 novembre 20:00	ESP	v	GER		Al-Bayt
01 décembre 20:00	JPN	v	ESP		Khalifa Int.
01 décembre 20:00	CRC	v	GER		Al-Bayt

Groupe E - résultats

ÉQUIPE	J	G	N	P	+/-	PTS
1						
2						
3						
4						

Groupe F - calendrier

23 novembre 20:00	BEL	v	CAN		Ahmad Bin Ali
23 novembre 11:00	MAR	v	CRO		Al-Bayt
27 novembre 14:00	BEL	v	MAR		Al-Thumama
27 novembre 17:00	CRO	v	CAN		Khalifa Int.
01 décembre 16:00	CRO	v	BEL		Ahmad Bin Ali
01 décembre 16:00	CAN	v	MAR		Al-Thumama

Groupe F - résultats

ÉQUIPE	J	G	N	P	+/-	PTS
1						
2						
3						
4						

Groupe G - calendrier

24 novembre 11:00	SUI	v	CMR		Al-Janoub
24 novembre 20:00	BRA	v	SRB		Lusail
28 novembre 11:00	CMR	v	SRB		Al-Janoub
28 novembre 17:00	BRA	v	SUI		Stadium 974
02 décembre 20:00	SRB	v	SUI		Stadium 974
02 décembre 20:00	CMR	v	BRA		Lusail

Groupe G - résultats

ÉQUIPE	J	G	N	P	+/-	PTS
1						
2						
3						
4						

Groupe H - calendrier

24 novembre 14:00	URU	v	KOR		Educ. City
25 novembre 17:00	POR	v	GHA		Stadium 974
28 novembre 14:00	KOR	v	GHA		Education City
28 novembre 20:00	POR	v	URU		Lusail
02 décembre 16:00	GHA	v	URU		Al-Janoub
02 décembre 16:00	KOR	v	POR		Education City

Groupe H - résultats

ÉQUIPE	J	G	N	P	+/-	PTS
1						
2						
3						
4						

HUITIÈMES DE FINALE

Match 49
3 décembre, 16:00
Stade Khalifa International

Vainqueur Groupe A v **Deuxième Groupe B**

Buts Cartons Buts Cartons

L'homme du match

Match 50
3 décembre, 20:00
Stade Ahmad Bin Ali

Vainqueur Groupe C v **Deuxième Groupe D**

Buts Cartons Buts Cartons

L'homme du match

Match 51
4 décembre, 20:00
Stade Al-Bayt

Vainqueur Groupe B v **Deuxième Groupe A**

Buts Cartons Buts Cartons

L'homme du match

Match 52
4 décembre, 16:00
Stade Al-Thumama

Vainqueur Group D v **Deuxième Groupe C**

Buts Cartons Buts Cartons

L'homme du match

Match 53
5 décembre, 16:00
Stade Al-Janoub

Vainqueur Groupe E v **Deuxième Groupe F**

Buts Cartons Buts Cartons

L'homme du match

Match 54
5 décembre, 20:00
Stadium 974

Vainqueur Groupe G v **Deuxième Groupe H**

Buts Cartons Buts Cartons

L'homme du match

Match 55
6 décembre, 16:00
Stade Education City

Vainqueur Groupe F v **Deuxième Groupe E**

Buts Cartons Buts Cartons

L'homme du match

Match 56
6 décembre, 20:00
Stade Lusail

Vainqueur Groupe H v **Deuxième Groupe G**

Buts Cartons Buts Cartons

L'homme du match

Note : Les horaires sont donnés en heure française.
Il sera deux heures de plus au Qatar.

QUARTS DE FINALE

Match 57
9 décembre, 20:00
Stade Lusail

Vainqueur Match 49 v Vainqueur Match 50

Buteurs | Buteurs

Cartons | Cartons

Score final

L'homme du match

Match 59
10 décembre, 20:00
Stade Al-Bayt

Vainqueur Match 51 v Vainqueur Match 52

Buteurs | Buteurs

Cartons | Cartons

Score final

L'homme du match

Match 58
9 décembre, 16:00
Stade Education City

Vainqueur Match 53 v Vainqueur Match 54

Buteurs | Buteurs

Cartons | Cartons

Score final

L'homme du match

Match 60
10 décembre, 16:00
Stade Al-Thumama

Vainqueur Match 55 v Vainqueur Match 56

Buteurs | Buteurs

Cartons | Cartons

Score final

L'homme du match

DEMI-FINALES

Match 61
13 décembre, 20:00
Stade Lusail

Vainqueur Match 57 v **Vainqueur Match 58**

Buteurs

Buteurs

Cartons

Cartons

Score final

L'homme du match

Match 62
14 décembre, 20:00
Stade Al-Bayt

Vainqueur Match 59 v **Vainqueur Match 60**

Buteurs

Buteurs

Cartons

Cartons

Score final

L'homme du match

PETITE FINALE

Match 63
17 décembre, 16:00
Stade Khalifa International

Deuxième Match 61 v **Deuxième Match 62**

Buteurs

Buteurs

Cartons

Cartons

Score final

L'homme du match

Note : Les horaires sont donnés en heure française.
Il sera deux heures de plus au Qatar.

FINALE

Match 64

18 décembre, 15:00

Stade Lusail

Vainqueur Match 61 v **Vainqueur Match 62**

Composition

Composition

Buts

Cartons

Buts

Cartons

Buteurs

Buteurs

L’homme du match

RÉPONSES

PAGE 7 : Droit au but !
6. Ce qui fait de lui le meilleur buteur du tournoi.

PAGE 11 : Vrai ou faux ?
Vrai.

PAGE 12 : Vrai ou faux ?
Faux (l'Espagne a remporté le trophée du Fair-play de la FIFA, avec 2 cartons jaunes et 34 fautes.)

PAGE 14 : Super expert
Réponse B.

PAGES 20-21 : Les chiffres à la loupe
Football codé : CROATIE.

Portu-goal : D

Décide des chiffres : 1. 2010 ; 2. 2 ; 3. 7 ; 4. 109.

Numéro 10: A. Memphis Depay ; B. Eden Hazard ; C. Lionel Messi ; D. Luka Modrić.

PAGE 23 : Décompte final
B.

PAGE 25 : Capitaine d'équipe
Virgil Van Dijk, Pays-Bas.

PAGES 34-35 : Parles-tu Coupe du monde ?

Jeu de mots : Trophée, Qatar, Soulier d'or Adidas

Messages emmêlés : « ATTAQUE ! », « ACCÉLÈRE ! », « DRIBBLE ! ».

Message codé : Coup d'envoi.

Mots mêlés de la Coupe du monde de la FIFA

T	E	E	P	S	C	D	E	W	C	O	U	P	E	A
N	V	N	C	E	C	E	R	E	L	A	N	I	F	O
R	H	I	J	U	R	F	A	G	X	U	F	I	N	H
I	R	A	M	T	U	E	E	L	A	G	F	X	L	E
O	C	T	S	N	H	N	G	D	R	R	K	V	X	P
N	D	I	L	O	W	S	H	Q	G	E	D	B	R	U
R	E	P	S	A	Q	E	X	J	K	M	I	I	U	O
U	Q	A	O	U	Q	U	K	J	U	P	E	Q	E	R
O	S	C	T	U	Z	R	S	O	F	L	O	Y	N	N
T	T	L	I	W	O	Y	M	W	A	A	R	U	I	I
P	G	P	R	L	Y	R	L	T	H	C	L	Q	A	G
D	E	T	N	A	U	Q	A	T	T	A	C	V	R	I
A	Z	R	K	I	Y	X	X	H	Q	N	T	X	T	T
S	U	P	P	O	R	T	E	R	S	T	L	P	N	O
D	P	R	R	N	U	B	N	C	L	C	N	M	E	A

PAGE 36 : Nom mystère
Pogba.

PAGE 39 : Oui ou non ?
A. Norvège : non, B. Suisse : oui, C. Finlande : non.